OBSERVATIONS

SUR LA

RÉFORME PROJETÉE

DE

L'INSTRUCTION CRIMINELLE

PAR

GEORGES LELOIR

DOCTEUR EN DROIT
PROCUREUR DE LA RÉPUBLIQUE A PONTARLIER

(Extrait de *LA FRANCE JUDICIAIRE*).

PARIS

A. DURAND et PEDONE-LAURIEL, Éditeurs,
LIBRAIRES DE LA COUR D'APPEL ET DE L'ORDRE DES AVOCATS
G. PEDONE-LAURIEL, Successeur
13, rue Soufflot, 13.

—

1884

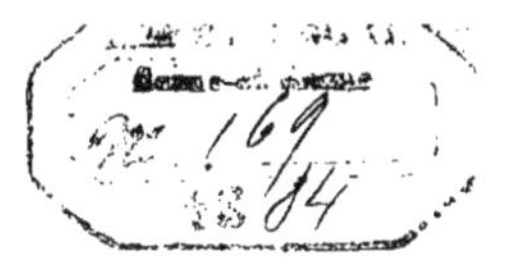

OBSERVATIONS

SUR LA

RÉFORME PROJETÉE

DE

L'INSTRUCTION CRIMINELLE

PAR

GEORGES LELOIR

DOCTEUR EN DROIT

PROCUREUR DE LA RÉPUBLIQUE A PONTARLIER

(Extrait de *LA FRANCE JUDICIAIRE*).

PARIS

A. DURAND et PEDONE-LAURIEL, Éditeurs,

LIBRAIRES DE LA COUR D'APPEL ET DE L'ORDRE DES AVOCATS

G. PEDONE-LAURIEL, Successeur

13, rue Soufflot, 13.

—

1884

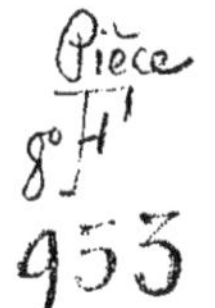

OBSERVATIONS

SUR LA

RÉFORME PROJETÉE

DE

L'INSTRUCTION CRIMINELLE

Le rapport de M. Goblet sur le projet de réforme du livre 1er du code d'instruction criminelle, vient d'être distribué à la Chambre des députés; et la Chambre, faisant droit à la demande de son rapporteur, a inscrit ce projet à son ordre du jour; on peut donc espérer que cette importante réforme sera accomplie avant la fin de l'année 1884.

I.

Le projet de la commission ne s'écarte que sur un petit nombre de points du texte voté par le Sénat. Parmi les observations que nous suggère l'examen de ce projet, quelques-unes ne portent que sur des questions de rédaction :

1° On lit dans l'article 95 du projet que le procureur de la République, au lieu de faire notifier le mandat de comparution à l'inculpé, peut le lui adresser par *lettre recommandée*. Cette expression a été substituée, comme plus grammaticale, à celle de *lettre chargée*, employée par le projet du gouvernement. « Une lettre chargée, disait M. Bérenger, dans la séance du 28 mai 1882, suppose nécessairement une lettre contenant de l'argent. L'expression de lettre recommandée est plus juste et traduit bien la pensée de la commission[1]. »

S'il en est ainsi, il faudrait corriger, dans le même sens, l'article 75 du projet, qui permet d'appeler les témoins par lettre chargée. Il y aurait lieu

1. *Journal officiel*. Travaux parlementaires.— Sénat, session ordinaire de 1882, p. 563.

A

de modifier également l'article 150, qui, chaque fois que l'inculpé doit être interrogé ou confronté, prescrit au juge d'instruction de convoquer le conseil, vingt-quatre heures à l'avance, par lettre chargée.

2° L'article 137 du projet de la commission est conçu ainsi qu'il suit : « La mise en liberté provisoire a lieu sans préjudice du droit que conserve le juge d'instruction, dans la suite de l'information, de décerner un mandat d'arrêt, si l'inculpé est en fuite, si, ayant été cité ou ajourné, il ne comparaît pas, ou si des circonstances nouvelles et graves rendent cette mesure nécessaire. Toutefois, si la liberté provisoire a été accordée par la chambre du conseil, *le tribunal correctionnel*, *la chambre des appels correctionnels*, ou par la chambre des mises en accusation, ce magistrat ne peut décerner un nouveau mandat qu'autant que la juridiction compétente, a, sur les réquisitions du ministère public, retiré à l'inculpé le bénéfice de sa décision. »

Il y a dans ce texte un passage incompréhensible, c'est celui qui supposant la liberté provisoire accordée par la juridiction correctionnelle du premier ou du second degré, subordonne à une décision préalable de cette juridiction la délivrance d'un nouveau mandat par le juge d'instruction.

Les contradictions de cet article avaient frappé un honorable sénateur, M. Bozérian, qui dans la séance du 28 mai 1882, demanda des explications[1]. On lui répondit qu'il pouvait y avoir tel cas où la liberté provisoire serait accordée par le tribunal correctionnel, ou par la chambre des appels correctionnels, ce dont personne ne doutait.

M. Bozérian se tint pour satisfait et déclara ne point insister, ce qui est assez étonnant, car on n'avait pas répondu à son objection.

En effet, la juridiction correctionnelle ne statue jamais sur la liberté provisoire qu'à un moment où le juge d'instruction est dessaisi par un ordonnance de clôture. Le texte suppose donc une chose impossible, à savoir, le concours des deux juridictions.

D'ailleurs lorsque la juridiction de jugement est saisie de la poursuite, elle peut seule accorder ou retirer la liberté provisoire. Mais le cas est suffisamment prévu par le 3e paragraphe du même article, qui s'exprime ainsi : « Après le dessaisisement du juge d'instruction, la juridiction compétente, aux termes de l'article 126, peut, s'il y a lieu, sur les réquisitions du ministère public, retirer au prévenu le bénéfice de la liberté provisoire. »

3° L'article 164 du projet de la commission, en énumérant les causes qui peuvent déterminer le juge d'instruction à rendre une ordonnance de non-lieu, prévoit outre le cas où il n'y pas contre l'inculpé de charges suffisantes, *celui où il n'existe aucune charge*. Ce membre de phrase fut ajouté dans la séance du 1er juin 1882, sur amendement de M. Edouard Millaud, accepté par la commission, pour qu'il fût bien entendu que le juge d'instruction aurait le droit de proclamer le défaut absolu de charges[2].

1. *Journal officiel. Loco citato*, p. 570.
2. *Journal officiel. Loco citato*, p. 577.

Il y aurait lieu de faire la même addition au texte de l'article 203, qui prévoit le cas où la procédure est close par un arrêt de non-lieu de la chambre d'accusation.

4° Enfin il serait utile de prévenir toute controverse sur la valeur du mandat de dépôt, que le procureur de la République décerne, en vertu de l'article 188 du projet, contre l'inculpé amené devant lui en état de flagrant délit, et qu'il se propose de traduire d'urgence devant le tribunal correctionnel.

Il n'y a aucune difficulté sous l'empire de la loi du 20 mai 1863 ; mais actuellement, le mandat de dépôt en général produit des effets bien plus solides qu'il n'en produira sous l'empire de la nouvelle loi.

Dans l'avenir, le mandat de dépôt, décerné par le juge d'instruction, n'aura plus pour effet que de faire détenir l'inculpé pendant une durée de cinq jours (art. 108). Ses effets ne survivront dans aucun cas au jugement du tribunal ni même à l'ordonnance de clôture, et pour que la détention préventive continue, il faudra qu'avant de se dessaisir, le juge d'instruction ait décerné un mandat d'arrêt, qui conservera toute sa force jusqu'au jugement définitif. (Art. 167.)

Sous l'empire de ce système, quelle sera la valeur et la durée du mandat de dépôt décerné par le procureur de la République? Qu'on ne dise point que cette question est dépourvue d'intérêt, parce que l'inculpé, conduit directement à la barre, ou cité d'urgence pour l'audience du lendemain, aura nécessairement été jugé avant l'expiration d'un délai de cinq jours. De ce que la juridiction de jugement doit être saisie dans un très court délai, ce n'est pas à dire qu'elle soit tenue de statuer immédiatement; outre que le prévenu peut demander, pour préparer sa défense, un délai qui ne peut pas, il est vrai, excéder trois jours, le tribunal peut, même d'office, ordonner un supplément d'enquête, une expertise médico-légale, ou telle autre mesure qu'il juge utile pour la découverte de la vérité. Si l'exécution de ces mesures dure plus de cinq jours, en vertu de quel titre le prévenu restera-t-il détenu? Ce ne sera pas en vertu du jugement rendu par le tribunal, car, en dehors du cas prévu par l'article 193 du code d'instruction criminelle, les juridictions de jugement n'ont point qualité pour décerner des mandats. Il faut donc que ce soit en vertu du mandat décerné par le procureur de la République.

D'autre part, un jugement correctionnel ne vaut jamais titre pour l'incarcération d'un condamné qu'après l'expiration du délai d'appel. Il faut donc que le mandat décerné ait la force nécessaire pour autoriser la détention pendant les dix jours qui suivent le jugement, et en cas d'appel, jusqu'à l'arrêt de la cour.

Il serait donc indispensable de compléter l'article 188 du projet, en disant que le mandat décerné en cas de flagrant délit, de quelque nom qu'on veuille l'appeler, conservera toute sa force, jusqu'à ce que la décision rendue sur la poursuite soit devenue définitive.

II.

Ces observations préliminaires faites, nous avons hâte d'arriver à l'examen d'une question qui a donné lieu dans le sein du Sénat à plusieurs discussions brillantes, nous voulons parler du mode d'introduction de l'action publique devant la juridiction d'instruction.

Nous croyons d'ailleurs que la controverse qui est actuellement pendante n'est qu'une des phases de la lutte entre les divers systèmes de procédure pénale; mais c'est une phase décisive peut-être, car les solutions adoptées paraissent assurer le triomphe définitif et complet d'un de ces systèmes, celui que nous pensons être le vrai.

Jusqu'à la fin du moyen âge, on ne connaisssait en matière de procédure criminelle que deux méthodes rivales, connues sous les noms de méthode accusatoire et de méthode inquisitoire. La méthode accusatoire avait prévalu dans les démocraties de l'antiquité; elle permettait à tout citoyen de déférer les crimes à la justice.

On devine à quels excès pouvait conduire une telle méthode et dans combien de cas elle devait laisser la société désarmée. L'impuissance de ce système devint plus flagrante encore, à l'époque où, la place publique étant pacifiée, il n'y eût plus chez les Romains aucun souci de la chose publique. Il fallut bien alors confier aux magistrats le soin de constater les crimes, même à défaut d'accusateur, et d'en rassembler les preuves, avant d'en punir les auteurs. Telle fut l'origine de la méthode inquisitoire, qui tendit à devenir la méthode normale à partir du troisième siècle de notre ère[1].

A l'époque mérovingienne et pendant tout le moyen âge, la méthode accusatoire prévalut de nouveau. Il n'était guère question à cette époque d'accusation publique; c'étaient les parties lésées qui habituellement intentaient les poursuites. Mais lorsque le lien social se consolida, le droit d'action tendit à remonter vers l'autorité publique; on admit la poursuite d'office au moins pour les crimes notoires, et les parties lésées, abandonnant d'elles-mêmes le droit d'accusation, préférèrent s'en tenir à la dénonciation, qui ouvrait la voie de l'enquête, tout comme le flagrant délit.

Dans ces deux systèmes qui se combattirent longtemps, et qui presque toujours coexistèrent, la notion de l'action publique ne paraît pas avoir été bien nette, ni bien exacte. L'action publique, telle que nous la concevons aujourd'hui, prend exclusivement sa source dans le trouble causé à l'ordre social par la violation d'un commandement du législateur; elle a pour objet une sanction pénale, qui doit rétablir l'équilibre troublé. Or on ne peut pas dire qu'il y ait vraiment action publique dans un système qui réserve le droit de poursuite à la partie lésée. Cette partie n'est fondée à réclamer que la réparation de son propre dommage, et si elle demande l'application d'une peine afflictive, ce n'est pas parce qu'elle a souci du trouble social,

1. Loi 13 Dig. *de officio præsidis*.

c'est parce qu'elle espère trouver une consolation à sa propre souffrance dans le spectacle d'une souffrance semblable infligée à son offenseur. Elle obéit nécessairement à une pensée de vengeance.

Quant à la méthode inquisitoire, elle est plus destructive encore d'une saine notion de l'action publique; car qui dit action, dit combat, et le rôle de combattant ne convient point au juge. Toute instance suppose trois éléments, un demandeur, un défendeur et un tiers arbitre; on ne peut être à la fois arbitre et demandeur.

Seuls peut-être les anciens s'étaient fait de l'action publique une idée assez exacte; il était logique de laisser le soin d'accuser à des citoyens soucieux du bien public, mais malheureusement ce système était plus juste en théorie qu'en pratique. Aux temps classiques de la République romaine, il est probable que ces jeunes orateurs qui accusaient les hommes puissants ou les magistrats sortant de charge, songeaient beaucoup moins à servir leur patrie qu'à se distinguer aux yeux de leurs concitoyens, et à se désigner eux-mêmes à leurs suffrages; il est probable aussi qu'ils montraient moins d'empressement à poursuivre les crimes obscurs, dont la répression ne pouvait leur rapporter que le sentiment du devoir accompli. Lorsque vinrent les mauvais temps, les accusateurs qui agissaient par ambition firent place aux délateurs qui n'agissaient que par intérêt, et on voit par là quels odieux résultats pouvait donner une méthode juste dans son principe.

Il fallait donc trouver un conciliation entre les deux systèmes, retirer au juge un droit de poursuite qui compromettait son caractère, pour le réserver à un défenseur suffisamment autorisé de la société; mais choisir ce représentant assez indépendant pour qu'il fût exempt de passions et de haines personnelles, assez soucieux de la chose publique pour qu'il poursuivit en tout cas les crimes, sans autre but que celui de se conformer au devoir de son état.

Cette conciliation fut trouvée au quatorzième siècle lorsque apparut l'institution du ministère public : « Çà esté sagement et humainement faict, dit Ayrault, d'avoir planté et subrogé le procureur du roy au lieu de ceux, lesquels en estat populaire, se meslaient d'accuser autruy sans intérest particulier qu'ils eussent. Çà esté apporter une grande douceur à la société humaine que de remettre en une personne seule ce qui est simplement du public : oster toutes ces accusations populaires, et la licence vague et indéfinie de se rechercher et entremanger sous prétexte d'un zelle qu'on doit avoir[1]. » Montesquieu a dit de son côté au siècle dernier : « Nous avons aujourd'hui une loi admirable, c'est celle qui veut que le prince, établi pour faire exécuter les lois, prépose un officier dans chaque tribunal pour poursuivre en son nom tous les crimes; de sorte que la fonction des délateurs n'existe point chez nous[2]. »

Dès le quatorzième siècle, l'organisation du ministère public fut complète,

1. *Ordre et instruction judiciaire,* liv. II, chap. 47.
2. *Esprit des lois,* liv. VI, chap. 8.

mais ce n'est pas à dire que l'institution ait d'abord porté tous ses fruits. Sa mainmise sur l'action publique ne s'effectua que lentement, après de longues luttes contre les deux principes contraires, qui ont longtemps persisté et coexisté, celui qui donnait le droit de poursuite à la partie lésée, et celui qui en réservait l'initiative au juge. Au point de vue de la justice criminelle, le rôle du ministère public n'a été longtemps qu'effacé et comme secondaire et il a conquis péniblement sa place en luttant parfois contre les lois, mais surtout contre les mœurs. On peut dire que chaque progrès du ministère public dans cette voie a été un progrès de la justice.

Bien qu'au moyen âge on réservât de préférence le droit d'accusation aux parties lésées, il y avait cependant quelques vestiges du vieux système d'accusation publique. Ces vestiges subsistèrent, quelque temps au moins, après l'institution du ministère public; ainsi Bouteiller, dans sa *Somme rurale*, après avoir mentionné les poursuites, qui avaient lieu à la requête du procureur du roi, et celles qui étaient faites d'office par le juge, parle de l'obligation où était le juge compétent d'informer, lorsque l'accusateur demandait à tenir lui-même *prison fermée* jusqu'au jugement définitif[1]. Cette pratique était abandonnée au seizième siècle; du moins Ayrault, dans sa carrière de magistrat, n'en avait-il vu qu'un seul exemple[2].

Au seizième siècle, le ministère public ne subissait plus pour l'introduction des poursuites que la concurrence des parties lésées. Mais on considérait à cette époque que le rôle du ministère public était tout à fait subordonné à celui de la partie civile; après avoir fait du ministère public le bel éloge que nous citions plus haut, Ayrault ajoute : « Mais que la partie intéressée n'ait plus de droict à la vindicte publique : et jaçoit que les functions du procureur du roy lui servent beaucoup, que les siennes ne soient que secondes, et comme subsidiaires, c'est ce que je n'admettrois pas fort aisément : la partie civille, que nous appelons, c'est le vrai demandeur et accusateur : le procureur du roy n'est que joinct[3]. » Les officiers du ministère public étaient enclins eux-mêmes à se contenter du rôle de partie jointe, et ils s'abstenaient d'introduire les poursuites, lorsqu'il n'y avait point de partie civile. Les états généraux, tenus à Orléans en 1560, s'en émurent[4], et l'article 61 de l'ordonnance de janvier 1561, exauçant un vœu écrit dans les cahiers du tiers état, prescrivit aux officiers du roi ou des seigneurs de poursuivre tous les crimes ou délits venus à leurs connaissance, « sans attendre la plainte des parties civiles et intéressées, ni les contraindre à se rendre partie, faire tous les frais nécessaires, si volontairement ils ne les offrent et veulent faire[5]. »

1. Tit. XXXIV, p. 378.
2. *Ordre et instruction judiciaire*, liv. III, chap. 10. — Voir aussi Imbert, *Pratique criminelle*, liv. III, chap. 1, n° 3.
3. Liv. II, chap. 47.
4. *Des états généraux et autres assemblées nationales*, tome XI, p. 274 et suivantes. — Augustin Thierry, *Histoire du tiers état*, p. 115.
5. Isambert, *Anciennes lois françaises*, tome XIV, p. 81. — Voir aussi Ordonnance de Blois, art. 184.

Cependant la pratique fut longtemps plus forte que la loi, et Bornier enseignait encore après l'ordonnance de 1670 que « l'usage de ce royaume est que les procureurs du roy et des justices seigneuriales ne peuvent accuser qu'ils n'aient quelque particulier instigateur[1]. »

L'article 8 du titre III de l'ordonnance de 1670 prescrivait qu'à défaut de partie civile, les procès seraient poursuivis à la diligence des procureurs du roi ou des seigneurs. Toute résistance à ce sujet avait disparu au dix-huitième siècle. Nous avons en ce moment à notre disposition les archives d'un ancien bailliage et notamment ses archives criminelles pendant tout le cours du dix-huitième siècle. Nous avons examiné un assez grand nombre de sentences criminelles et de dossiers de procédure, et nous avons constaté qu'à cette époque il était passé en pratique que l'immense majorité des poursuites fussent introduites par le procureur du roi. Seulement dès qu'il y avait partie civile constituée, le ministère public s'effaçait pour lui laisser l'initiative de presque tous les actes de la procédure.

Une procédure normale au dix-huitième siècle[2] commençait par la requête de plainte que la partie poursuivante présentait au lieutenant criminel pour avoir permission de faire informer devant lui[3]. On appelait plainte la requête du procureur du roi, comme celle de la partie civile[4]; c'étaient deux actes de même nature et de même portée, et il n'y avait de différence que dans le style, car tandis que la partie civile *suppliait*, le procureur du roi *remontrait*. La requête émanait-elle de la partie civile, celle-ci requérait la jonction du ministère public; le lieutenant criminel ordonnait la communication au procureur du roi et il arrivait souvent alors que le ministère public déclarât qu'il ne s'opposait point à l'information, se réservant de se joindre plus tard, s'il le jugeait convenable.

L'information commençait au jour et à l'heure fixés par l'ordonnance qui avait répondu la requête. Les témoins étaient assignés à la requête de la partie civile et administrés par elle, bien qu'elle ne pût être présente à leurs dépositions, en sorte que le juge gardait un rôle pour ainsi dire passif[5].

On est frappé, en examinant les procédures du siècle dernier, de ce rôle muet du juge d'instruction. Chaque acte d'instruction, audition de témoins, transport, jonction de pièces au dossier était provoqué par une requête; les commissions rogatoires en nécessitaient même deux, l'une au juge qui la donnait, l'autre au juge qui devait l'exécuter.

1. *Conférence des ordonnances*, tome II, p. 67.

2. Les archives du bailliage de Pontarlier, où nous avons puisé ces renseignements, contiennent, entre autres documents, la procédure criminelle dirigée contre Mirabeau, accusé du rapt de Sophie de Monnier. C'est cette procédure fort complète, et fort régulièrement instruite, que nous suivons pas à pas dans cet exposé; elle était faite à la diligence de la partie civile. — Mirabeau fut condamné à mort par contumace le 10 mai 1777; il vint purger sa contumace en 1782, et la procédure fut close par une transaction.

3. Ordonnance de 1670, tit. III, art. 1.

4. SERPILLON, *Code criminel*, tome Ier, p. 367.

5. Ordonnance de 1670, tit. VI, art. 1er.

L'information terminée, le lieutenant criminel inscrivait au pied son ordonnance de soit communiqué; le procureur du roi devait nécessairement à ce moment donner des conclusions; mais le juge n'était pas lié par ces conclusions, et il appréciait s'il y avait lieu de décréter[1].

Le décret était notifié à l'accusé à la diligence de la partie civile, et si l'accusé se dérobait aux poursuites, c'était encore par les soins et aux frais de la partie civile que s'exécutait toute la procédure de coutumace. L'accusé était-il arrêté ou comparaissait-il volontairement, le lieutenant criminel procédait à son interrogatoire. Mais un mémoire lui était remis par la partie poursuivante pour indiquer les questions à poser[2]. Après l'interrogatoire, nouvelle communication au ministère public, nouvelles conclusions écrites, et alors intervenait un jugement de la juridiction, c'est-à-dire du lieutenant criminel assisté d'un certain nombre de conseillers[3]. Ce jugement pouvait ordonner que le procès serait *civilisé*, auquel cas le procureur du roi perdait tout droit d'initiative pour la continuation de la procédure[4]; il pouvait statuer au fond, lorsque l'accusé avait déclaré *prendre droit sur les charges*, c'est-à-dire adhérer à la poursuite et accepter la décision à intervenir[5]; il pouvait enfin ordonner que la procédure serait continuée à l'extraordinaire.

Dans ce dernier cas, la partie civile présentait requête au lieutenant criminel pour faire fixer le jour où les témoins seraient récolés et elle les citait pour la date indiquée. Il arrivait assez souvent à ce moment que le procureur du roi, jugeant l'information insuffisante, présentât de son côté requête pour faire informer par addition. Tous les actes de cette procédure complémentaire s'effectuaient alors par les soins du ministère public.

Lorsque l'instruction était terminée, le procès était communiqué une dernière fois au ministère public, et c'est à ce moment peut-être seulement qu'il était investi d'un droit exclusif de celui de la partie civile ; car tandis que celle-ci ne pouvait que déposer un mémoire pour formuler sa demande en réparation civile, les gens du roi, dans les conclusions définitives qu'ils présentaient écrites et cachetées pouvaient seuls requérir l'application d'une peine[6].

Le tribunal tout entier statuait alors, après avoir interrogé l'accusé sur la sellette, mais sans publicité, ni plaidoirie, hors de la présence de la partie civile et même du procureur du roi[7]. Les jugements de condamnation visaient, en les énumérant, tous les actes de la procédure, mais sans contenir aucun motif; ils qualifiaient le fait déclaré constant et prononçaient la peine.

1. Ordonnance de 1670, tit. X, art. 1er. — SERPILLON, *Code criminel*, t. 1er, p. 535.
2. Ordonnance de 1670, tit. XIV, art. 3.
3. *Ibid.* tit. XIV, art. 17. — DU ROUSSEAUD DE LA COMBE, *Traité des matières criminelles*, p. 329.
4. DU ROUSSEAUD DE LA COMBE, *Loco citato*, p. 400.
5. Ordonnance de 1670, tit. XIV, art. 19.
6. *Ibid.* tit. XXIV.
7. *Ibid.* tit. XIV, art. 21, tit. XXIV, art. 2.

Si le droit des parties lésées restait fort étendu en présence de celui du ministère public, le droit des juges d'instruire d'office ne fut jamais contesté. C'est ce qu'on exprimait dans l'ancien régime en disant que « tout juge était procureur général[1]. » Au dix-huitième siècle, l'habitude constante des plaignants était encore de s'adresser au juge plutôt qu'au procureur du roi; c'est à lui aussi que les procès-verbaux étaient directement adressés; ainsi nous avons eu l'occasion de lire des procès-verbaux d'outrages et de rébellion dressés par des huissiers, et qui adressés directement par eux au lieutenant général du bailliage, n'étaient venus à la connaissance du procureur du roi que par l'ordonnance de soit communiqué.

Nous devons constater cependant qu'au dix-huitième siècle, l'usage des juges était beaucoup moins d'informer d'office sur les crimes dont ils avaient connaissance, que d'adresser au procureur du roi une injonction de présenter sa requête de plainte dans le plus bref délai[2]. A tous les degrés de l'échelle judiciaire, les officiers du parquet recevaient ainsi l'impulsion de la compagnie à laquelle ils étaient attachés. Cet état de choses ne contribuait pas à faire régner l'harmonie entre les pouvoirs publics, et lorsqu'on parcourt les registres, dit « d'injonctions aux gens du roi », on est frappé du ton d'acrimonie qui se dégage de ces injonctions et des réponses souvent mises à la suite par les officiers du ministère public. Cette observation porte plus loin, car elle montre quels conflits et quels froissements peut produire dans le sein d'une compagnie judiciaire une division mal définie des attributions de chacun.

III.

Tel était l'état des choses à la veille de la Révolution. Il y avait dans l'institution du ministère public une telle puissance de logique et de raison que la législation intermédiaire, qui a détruit tant d'autres institutions de l'ancien régime, a conservé celle-là en la rendant plus forte. Il est inutile cependant d'insister sur les tâtonnements de cette époque, et sur les dispositions législatives qui se succédèrent, sans se rattacher toujours à des principes uniformes.

Nous nous placerons donc immédiatement sous l'empire du code de 1808, et nous chercherons quel est le système qui a été adopté par ses auteurs. Il est incontestable que les rédacteurs du code d'instruction criminelle ont voulu donner au ministère public les pouvoirs les plus étendus; ils lui ont permis d'agir, sans dénonciation ni plainte, en toutes matières, sauf dans un petit nombre de cas; ils lui ont permis non seulement de saisir le juge

1. Serpillon, *Code criminel*, tomes Ier, p. 414, et II, p. 991.

2. L'art. 1er du titre II de l'arrêt de règlement du parlement de Besançon du 1er sept. 1753, prescrivait aux greffiers des bailliages et présidiaux, des justices inférieures et de la police de tenir « un registre particulier des injonctions qui seraient faites aux gens du roi par les juges pour le maintien du bon ordre et l'observation des ordonnances. »

d'instruction, mais d'exercer directement l'action publique devant les tribunaux de police simple ou correctionnelle; enfin ils lui ont attribué une situation prépondérante dans toutes les poursuites, en réduisant la partie civile au rôle de partie jointe.

Mais s'ils ont remis l'exercice de l'action publique aux mains du ministère public, ils n'ont certainement pas voulu lui donner le droit exclusif de mettre cette action en mouvement. Après comme avant la Révolution, bien qu'à un moindre degré, le législateur a fait la part de principes rivaux, qui prétendent sinon à une prépondérance sur celui du ministère public, du moins à une sorte de concurrence.

En ce qui concerne la partie lésée, le code d'instruction criminelle lui permet de saisir directement de son action civile le tribunal correctionnel ou celui de simple police, et admet que la citation, donnée dans ces termes, saisit aussi le tribunal de l'action publique[1].

En ce qui concerne le juge, notre législation criminelle contient un vestige de son droit d'instruire d'office, ou du moins de ce droit d'injonction dont nous parlions plus haut. Mais ce droit est limité aux cours d'appel par l'article 11 de la loi du 20 avril 1810, qui est ainsi conçu : « La cour impériale pourra, toutes les chambres assemblées, entendre les dénonciations qui lui seraient faites par un de ses membres, de crimes et de délits; elle pourra mander le procureur général pour lui enjoindre de poursuivre à raison de ces faits, ou pour entendre le compte que le procureur général lui rendra des poursuites qui seraient commencées. »

Mais une question fort controversée parmi les auteurs et fort difficile à résoudre en présence de la diffusion qui se rencontre dans les premiers chapitres du code d'instruction criminelle, est celle de savoir quelle est, sous le rapport de l'introduction des poursuites, l'étendue des droits du juge d'instruction.

En cas de flagrant délit, la question ne fait point doute. Il y a là un cas de force majeure, les pouvoirs sont confondus, et le juge d'instruction poursuit, de même que le procureur de la République peut instruire, ainsi que ses auxiliaires.

Mais hors le cas de flagrant délit, lorsqu'il y a seulement une dénonciation ou une plainte, le juge d'instruction a-t-il le droit d'instruire sans réquisitions du ministère public, ou malgré les conclusions contraires que le ministère public aurait prises sur communication de la plainte? Le juge n'est-il point tenu d'instruire alors, au moins quand il y a constitution de partie civile? Le procureur de la République, lorsque la partie civile s'est constituée devant lui, n'est-il pas tenu de requérir information?

Il y a sur ces questions fort délicates trois systèmes bien différents : 1° Celui qui oblige le ministère public à requérir, et le juge à instruire sur toute plainte[2]; 2° celui qui laisse au ministère public la liberté de ne saisir

1. Art. 145 et 182 du code d'instruction criminelle.

2. Carnot, *de l'instruction criminelle*, tome Ier, p. 295, 303 et 306. — Legraverend,

le juge d'instruction qu'autant qu'il le juge convenable[1]; 3° enfin un système mixte, celui de M. Faustin Hélie, d'après lequel la partie lésée ne peut exiger l'ouverture d'une instruction qu'à la condition de se constituer partie civile.

La jurisprudence est nulle ou presque nulle. Il n'existe qu'un arrêt de la cour de cassation du 8 décembre 1826[2], qui, adoptant un réquisitoire du procureur général, a condamné le premier système, celui d'après lequel toute plainte donnerait nécessairement ouverture à l'action. M. Faustin Hélie veut tirer argument de cet arrêt en faveur de son système, en citant un passage du réquisitoire ainsi conçu : « Le législateur n'a pu vouloir astreindre les officiers du ministère public à diriger des poursuites d'office et *sans l'intervention des parties civiles*, sur toutes les plaintes même les plus légères et les plus insignifiantes[3]. » Mais il est clair que la cour de cassation n'a pas pu résoudre, par voie de simple allusion, une question qui ne se posait pas dans l'espèce. Elle constate que le plaignant, qui prétendait contraindre le ministère public à requérir, n'était même pas constitué partie civile, et que sa prétention n'en était que plus exorbitante, mais elle ne dit pas que la constitution de partie civile aurait suffi pour cela.

A une époque récente, la question a pu cependant se poser dans des termes vraiment intéressants : c'était en 1880, lorsque quelques religieux portèrent plainte à raison des mesures d'expulsion dont ils avaient été l'objet, et se constituèrent parties civiles. Le premier président de la cour de Poitiers, saisi dans ces termes, ordonna la communication de la plainte au procureur général, et bien que le réquisitoire de ce dernier tendît à ce qu'il fût dit qu'il n'y avait lieu à suivre, se déclara compétent par une ordonnance du 9 septembre 1880. On lit dans cette ordonnance que « sous la seule condition d'être saisi par une constitution de partie civile, d'être compétent à raison du lieu et de la matière, et d'avoir préalablement pris les conclusions de la partie publique, le magistrat instructeur, quel que soit d'ailleurs le sens des réquisitions du parquet, est investi du droit et chargé du devoir d'informer sur les faits qui lui sont dénoncés[4]. » Il aurait été intéressant que cette doctrine, ainsi présentée nettement, et qui n'était autre que celle de M. Faustin Hélie, fut soumise à la cour de cassation.

Mais la question qui se posait en 1880 était complexe, et au lieu d'insister sur la fin de non-recevoir tirée des principes du droit criminel, on souleva une exception d'incompétence tirée du caractère administratif du fait poursuivi, l'exception fût rejetée, et le préfet éleva le conflit.

Le tribunal des conflits jugea à son tour dans son audience du 22 dé-

Législation criminelle, tome Ier, p. 7. — BOURGUIGNON, *Jurisprudence des codes criminels*, tome Ier, p. 166.

1. MANGIN, *Traité de l'action publique*, tome Ier, nos 20 et suivants.

2. *Bull. crim.*, n° 250.

3. *Traité de l'instruction criminelle*, tome Ier, n° 521.

4. *France judiciaire*, V, 2, 5.—Voyez aussi Ordonnance du premier président de Bordeaux, 11 août 1880, DAL., 81, III, 20.

cembre 1880, que bien que l'article 1er de l'ordonnance du 1er juin 1828 interdise à l'autorité administrative d'élever le conflit en matière criminelle, « ce texte n'a pas eu pour but et ne saurait avoir pour effet de soustraire au principe de la séparation des pouvoirs l'action civile formée par la partie qui se prétend lésée, quelle que soit la juridiction devant laquelle cette action soit portée[1]. » Ainsi le tribunal des conflits, en condamnant la doctrine du premier président de la cour de Poitiers sur la séparation des pouvoirs administratif et judiciaire, semblait admettre, comme lui, que l'action de la partie civile peut s'exercer isolément devant le juge d'instruction. Mais le tribunal des conflits prenait l'action telle qu'elle se présentait en fait et y appliquait les principes de la séparation des pouvoirs; il n'examinait pas, et n'avait pas à examiner si, quant aux principes du droit criminel, cette action aurait été recevable. Nous repoussons donc l'argument qu'on pourrait tirer de ce jugement, et nous persistons à dire que la jurisprudence est muette, puisque la question n'a point été examinée par la cour de cassation, qui seule aurait eu qualité pour la résoudre.

A dire vrai, nous sommes porté à croire que le premier système, celui qui veut que le juge soit saisi par une simple plainte, quelque absurde qu'il nous paraisse, avait la préférence des rédacteurs du code. Il ne faut pas oublier que nos codes ont été rédigés par des hommes, dont l'éducation juridique avait précédé la Révolution et dont l'esprit était hanté sans cesse par des réminiscences de l'ancienne procédure. Ils se rappelaient le temps où par sa requête de plainte, la partie lésée mettait le juge en demeure d'informer, et il est arrivé plus d'une fois dans les travaux préparatoires que l'on ait donné au réquisitoire introductif le nom de plainte du ministère public. D'ailleurs, ce sont les plus anciens commentateurs du code, les contemporains de sa rédaction, ceux qui avaient partagé sur la matière les idées et les souvenirs de ses auteurs, qui se sont prononcés en faveur du premier système.

Lorsque le code d'instruction criminelle traite de la dénonciation, c'est au chapitre « des procureurs du roi », qu'il s'en occupe[2]. Mais lorsqu'il traite de la plainte, c'est au chapitre « du juge d'instruction[3]. » Le code ne dit même nulle part que la procédure commence par le réquisitoire du procureur de la République; il dit seulement que le juge d'instruction ne peut faire aucun acte qu'il n'ait donné communication au procureur de la République de la procédure[4], qui peut par conséquent préexister à ses conclusions.

Effrayé des conséquences d'un tel système, M. Faustin Hélie a essayé d'en limiter l'application au cas de constitution de partie civile; mais tous les arguments qu'il propose pour établir que la partie civile peut exiger l'ouverture d'une instruction, sont également probants à l'égard du simple

1. *France judiciaire*, V, 2, 174.
2. Art. 29 et suivants.
3. Art. 63 et suivants.
4. Art. 61.

plaignant[1]. Cet auteur cite l'article 47 du code d'instruction criminelle, qui dit que le procureur de la République, « instruit, soit par une dénonciation, soit par toute autre voie, qu'il a été commis dans son arrondissement un crime ou un délit, *sera tenu* de requérir le juge d'instruction d'ordonner qu'il en soit informé. » Si on prenait cet article au pied de la lettre, le ministère public serait lié par une simple dénonciation. M. F. Hélie cite l'article 64 du même code qui dit que « les plaintes qui auraient été adressées au procureur de la République seront par lui transmises au juge d'instruction avec son réquisitoire. » Enfin il s'appuie sur les paroles suivantes, prononcées par Cambacérès dans la séance du Conseil d'État du 11 juin 1808 : « Lorsqu'un offensé se plaint, lorsqu'il se porte partie civile, il ne faut pas que le procureur impérial puisse le paralyser par un refus de poursuivre. La justice veut que, dans ce cas, on permette à la partie plaignante de recourir au juge instructeur[2]. » Ces deux textes ne font aucune différence entre le plaignant et la partie civile.

Si nous insistons sur cette démonstration, ce n'est pas pour faire prévaloir un système, qui a été abandonné par la pratique et condamné par la jurisprudence. C'est pour bien établir le sens et la portée réelle des textes que l'on se dispose aujourd'hui à remplacer par d'autres.

Quoi qu'il en soit, la pratique est fixée depuis longtemps dans le sens du système qui laisse au ministère public une entière liberté d'action[3]. C'est ce qu'a voulu dire sans doute le gouvernement dans l'exposé des motifs du projet de loi[4], c'est ce qu'ont voulu dire MM. Dauphin et Brunet, dans la discussion du Sénat, lorsqu'ils ont déclaré que la jurisprudence était fixée dans ce sens[5]. La jurisprudence, non certainement, si on entend par là des jugements ou arrêts qui auraient statué sur la matière. Mais la jurisprudence est muette, parce que depuis longtemps cette question est de celles dont on dit qu'elles ne se plaident plus, et les orateurs du Sénat, qui sont en même temps des magistrats, ont eu raison s'ils ont voulu dire que la solution qu'ils proposaient était universellement acceptée.

IV.

Au mois de novembre 1879, un projet de réforme du code d'instruction criminelle fut déposé au Sénat par le gouvernement. Ce projet contenait un article ainsi conçu : « Le juge d'instruction est saisi soit par les réquisitions du ministère public, soit par la plainte de la partie civile. Cette plainte n'aura d'effet qu'autant que le ministère public en aura reçu préalablement communication. » C'était la consécration dans un texte du système qui, proposé en doctrine par M. Faustin Hélie, devait être proclamé l'année

1. *Op. cit.*, t. Ier, nos 519 et suivants.
2. Locré, t. XXV, p. 147.
3. Faustin Hélie, *Op. cit.*, t. Ier, no 523.
4. *Journal officiel.* — Sénat, session extraordinaire 1879 annexe, no 7, p. 25.
5. *Journal officiel. Loco citato*, p. 441 et 460.

d'après, par le premier président de la cour de Poitiers, comme étant celui du législateur de 1808. On saurait d'autant moins s'en étonner, que M. F. Hélie, membre de la commission extraparlementaire, qui avait préparé le projet de loi, avait exercé sur cette commission un ascendant que ses travaux de criminaliste rendaient bien légitime.

Mais dans la commission du Sénat, l'opinion contraire prévalut, et le projet, déposé au nom de cette commission, tendit à exclure pour la poursuite toute autre initiative que celle du ministère public. Ces solutions rencontrèrent dans le sein du Sénat des contradictions passionnées et une des discussions les plus brillantes qu'elles suscitèrent fut celle qui s'engagea dans les séances des 9 et 13 mai 1882[1].

Le projet du gouvernement ne trouva point de défenseur; mais un amendement de M. Batbie tendait à en reprendre le système, modifié cependant sous trois points de vue ; 1° l'application en était limitée aux matières correctionnelles; 2° on accordait effet à toute plainte de la partie lésée, même sans constitution de partie civile; 3° on admettait que la plainte ne mettrait pas nécessairement l'action publique en mouvement; mais on voulait que le juge d'instruction pût instruire sur cette plainte, s'il le jugeait convenable.

Cet amendement fut combattu par M. Dauphin, rapporteur, et par M. Brunet, qui critiquèrent le système en lui-même et chacune des atténuations proposées. Il fut repoussé; mais repris lors de la seconde lecture par MM. Batbie et Delsol, il fut rejeté définitivement au scrutin, dans la séance du 24 juillet 1882 par 189 voix contre 66[2].

Le projet, adopté par le Sénat, conserve au juge d'instruction ses attributions extraordinaires au cas de flagrant délit; il y a là une nécessité de force majeure, sur laquelle tout le monde est accord. Mais à tous autres points de vue, l'action publique, pendant l'instruction préparatoire est réservée au ministère public, à l'exclusion de tout autre pouvoir. On peut citer jusqu'à quatre applications de la pensée qui a guidé la commission du Sénat, et qui a été ratifiée par cette assemblée :

1° Le juge d'instruction ne peut être saisi que par les réquisitions du procureur de la République. (Art. 44.)

2° Le juge d'instruction ne peut instruire que sur les faits et à l'égard des individus qui sont l'objet du réquisitoire introductif. (Art. 50.)

3° La chambre d'accusation ne peut ordonner qu'il soit informé sur des faits ou sur des personnes non compris dans le réquisitoire introductif, qu'en vertu des réquisitions du procureur général. (Art. 217.)

4° Enfin la disposition de l'article 11 de la loi du 20 avril 1810, qui avait été reproduite dans l'article 219 du projet du gouvernement, a été purement et simplement écartée.

On ne peut contester au Sénat le mérite d'avoir appliqué, avec une logique rigoureuse et dans toutes ses conséquences, le principe qu'il avait

1. *Journal officiel. Loco citato,* p. 438 et suivants.
2. *Journal officiel. Loco citato,* p. 883.

adopté. C'est ce principe même qui a été vivement contesté, il y a quelques mois, à cette même place, par un savant professeur de la faculté de Paris, M. Albert Desjardins[1]. Nous entreprendrons cependant de le défendre.

V.

On a parlé beaucoup dans les discussions du Sénat du droit menacé des parties lésées. Nous ne croyons pas que les parties lésées aient un droit quelconque en cette matière. Nous avons dit plus haut que l'action publique n'appartient qu'à la société, n'existe qu'à son profit, ne tend qu'à l'application d'une peine, et personne n'oserait prétendre qu'une partie lésée ait jamais un droit acquis à ce que l'inculpé soit frappé d'une peine.

La victime d'un crime ou d'un délit a droit à la réparation du préjudice qui lui a été causé. Mais son droit ne change point de nature, suivant que le fait qui lui a causé préjudice, tombe ou non sous l'application de la loi pénale. La circonstance que ce fait est punissable doit lui être indifférente, puisqu'elle n'influe pas sur l'objet de sa demande.

Lorsqu'un délit est poursuivi par le ministère public, la loi permet, il est vrai, à la partie lésée de joindre son action civile à l'action publique, pour que, les formes étant par là simplifiées et les délais abrégés, elle obtienne plus facilement justice. Comme alors les actes de procédure doivent servir à deux fins, on permet à la partie civile d'y participer, de les contrôler, de les provoquer même. Mais quand l'action publique n'est point exercée, la partie lésée conserve toujours la ressource de porter son action devant le juge qui doit naturellement en connaître, à savoir, le juge civil.

On ne comprend pas que cette faculté pour la partie lésée de s'adresser aux tribunaux civils lorsqu'elle le juge convenable, ait pu être contestée. C'est cependant ce qu'a fait M. Delsol dans le discours qu'il a prononcé au Sénat le 24 juillet 1882[2]. C'était méconnaitre ce qui se passe tous les jours dans la pratique, c'était nier le texte même de l'article 3 du code d'instruction criminelle qui dit que l'action civile peut être exercée séparément de l'action publique. Il y a longtemps que la jurisprudence a fait cesser toute équivoque sur le sens de cet article[3]; il est vrai que le juge civil doit surseoir à l'examen de l'affaire, dès que l'action publique est engagée; mais cette obligation même de surseoir prouve que l'action civile pouvait être préalablement exercée. M. Delsol a insisté sur le délit de vol, qui, suivant lui, ne pourrait donner lieu à une poursuite purement civile, s'il était caractérisé. On ne voit pas ce qui empêcherait la victime d'un vol de revendiquer par la voie civile l'objet volé, de joindre à sa revendication une demande en dommages-intérêts, et même d'articuler la mauvaise foi et la fraude du

1. *France judiciaire*, VII, 1, 249.
2. *Journal officiel. Loco citato*, p. 884.
3. Cass. 26 juillet et 21 décembre 1813, Dal., *Rép.*, v° *Instruction criminelle*, n° 147; — Aix, 9 juillet 1829, Dal., 29, II, 193; — Riom, 9 juin 1841, Dal., 41, II, 242.

détenteur pour échapper à l'application du principe écrit dans l'article 2279 du code civil. L'objection ne se soutient donc pas.

Le système qui permet à la partie lésée de mettre en mouvement l'action publique n'est pas seulement illogique; il est dangereux, comme l'ont surabondamment démontré les défenseurs du projet de loi. Il est dangereux, car presque toutes les plaintes que le ministère public écarte ou classe, sont des plaintes faites légèrement, sans preuves suffisantes, et inspirées trop souvent par une pensée malsaine de délation ou de chantage. Si le juge d'instruction était tenu d'instruire sur toutes les plaintes, il serait obligé souvent de se faire l'instrument de bien odieux calculs. Peut-on admettre, par exemple, qu'un plaignant, à la seule condition de se constituer partie civile, puisse contraindre le juge à ouvrir une instruction contre une compagnie financière, et ne sait-on pas que le seul commencement d'une instruction pourrait dans certains cas, en déterminant une panique, entraîner la ruine de l'entreprise? Ne sait-on pas, par de trop nombreux exemples, qu'il y a des parents assez peu soucieux de la réputation de leurs enfants pour accuser de crimes odieux, commis sur la personne de ces enfants, des hommes riches dont ils espèrent ainsi tirer de l'argent? Veut-on que la justice soit réduite à se faire la complice de ces manœuvres coupables, lorsque avant toutes poursuites, elle en aurait découvert le secret?

Ces exemples, heureusement choisis par M. Dauphin[1], ont produit sur le Sénat une impression si profonde, que les adversaires de la commission ont proposé de limiter l'application de leur système aux matières correctionnelles. Mais ici on rencontre bien d'autres difficultés; comment déterminerez-vous au début d'une procédure, demande M. Brunet, si l'infraction appartient au grand ou petit criminel? Et si après avoir instruit sur la plainte de la partie lésée, le juge d'instruction vient à découvrir telle circonstance qui du délit fera un crime, faudra-t-il donc que l'on annulle toute la procédure faite jusqu'alors? D'ailleurs c'est en matière correctionnelle qu'il est le moins utile de donner un semblable droit à la partie lésée, puisque en cette matière, elle a le droit de citation directe, et que par conséquent elle n'est pas désarmée[2].

C'est précisément, parce qu'en matière correctionnelle, la partie civile a le droit de citation directe qu'il faut lui permettre de saisir le juge d'instruction, a répliqué M. Batbie[3]. En matière correctionnelle, la partie lésée peut mettre l'action publique en mouvement; il faut lui permettre d'exercer son droit à toutes les phases de la procédure et ne point la priver des moyens d'information que puise la partie poursuivante dans une instruction préparatoire.

La partie civile a le droit de citation directe, cela est certain. Quelques personnes trouvent même qu'elle en fait parfois un triste usage et ne

1. *Journal officiel. Loco citato*, p. 441.
2. *Journal officiel. Loco citato*, p. 461.
3. *Journal officiel. Loco citato*, p. 466.

seraient point éloignées de demander qu'on le lui retirât[1]. La proposition trouvera sans doute des défenseurs le jour où on revisera le deuxième livre du code d'instruction criminelle; mais enfin la disposition existe et elle est quelquefois appliquée.

Mais est-on sûr qu'il y ait identité entre le droit de citation directe et le droit de saisir le juge d'instruction? On peut dire d'abord, comme M. Dauphin, que lorsqu'il y a citation directe, et que la poursuite est sans fondement, le jugement d'acquittement suit de près la comparution en justice, en sorte que l'antidote est voisin du poison. Au contraire les instructions se font secrètement, elles se prolongent, elles se manifestent de temps à autre par des actes extérieurs qui en révèlent l'existence, et se terminent par des ordonnances sans publicité, insuffisantes pour laver l'inculpé du préjugé défavorable qu'une poursuite téméraire aurait fait naître contre lui[2].

Il y a un autre point de vue, également indiqué par le rapporteur : au cas de poursuite directe, la partie civile administre ses témoins en présence du tribunal impassible et en quelque sorte neutre; le rôle du juge d'instruction est tout autre. Une fois saisi, c'est lui qui cherche et rassemble les preuves, qui appelle les témoins, qui prend spontanément toutes les mesures utiles pour la découverte de la vérité, et tous les actes qu'il prescrit sont exécutés à la requête du procureur de la République[3]. Et la partie civile pourrait le contraindre à faire tout cela! elle pourrait pour un intérêt purement pécuniaire, et quelquefois pour pis que cela, le forcer à délaisser les affaires plus pressantes et plus graves, dont son devoir l'appellerait à s'occuper! Nous ne pouvons l'admettre et nous pensons qu'il faut répéter, que « l'État ne doit pas ses juges d'instruction aux intérêts privés[4]. »

Nous devons constater d'ailleurs que depuis le commencement du siècle, il s'est fait, sous ce rapport, dans les mœurs publiques, une remarquable évolution. Le nombre des constitutions de parties civiles tend à devenir de plus en plus rare; on voit encore quelquefois intervenir devant la juridiction de jugement une partie lésée qui veut obtenir une restitution ou des dommages-intérêts, mais on ne se constitue plus partie civile devant le juge d'instruction. Le nombre des citations directes va même en diminuant[5]; ce mode de procédure n'est plus guère employé que pour les poursuites dont le ministère public a refusé de se charger, et surtout pour les délits, tels que la diffamation ou l'injure, que le ministère public se fait presque toujours

1. Faustin Hélie, *op. cit.*, t. VI, nos 2810 et suivants. — En 1881, sur 8519 individus poursuivis devant les tribunaux correctionnels à la requête de parties civiles, 3183 ont été acquittés. Cela donne une proportion de 313 prévenus acquittés sur 1000 individus poursuivis, tandis que, dans la même année, il n'y a eu que 32 acquittements sur 1000 individus poursuivis par le ministère public.

2. *Journal officiel. Loco citato*, p. 440.

3. *Journal officiel. Loco citato*, p. 887.

4. *Journal officiel. Loco citato*, p. 441 et 463.

5. D'après le compte général de l'administration de la justice criminelle pour l'année 1881, sur 178,830 jugements rendus en matière correctionnelle, 6,544 seulement ont été rendus à la requête de parties civiles.

une loi de ne pas poursuivre d'office. Encore, les parties lésées répugnent-elles en général à cette manière d'introduire la poursuite, et tous les chefs de parquet savent par expérience combien il est difficile de faire comprendre aux plaignants, dont on repousse la plainte, parce que le délit dénoncé n'intéresse pas suffisamment l'ordre public, que cette voie d'action leur est ouverte. Les intéressés sont le plus souvent portés à considérer cette réponse comme une fin de non-recevoir, et on en voit qui, épuisant tous les recours hiérarchiques, portent leur réclamation du procureur de la République au procureur général et du procureur général au ministre, avant de reconnaître que le juge est près d'eux, et qu'il dépend d'eux de le saisir.

Un tel état de l'opinion rend bien facile la tâche du législateur; c'est certes bien le moment de faire disparaître les derniers vestiges d'un principe ancien et presque oublié, et la solution du Sénat doit être d'autant mieux accueillie que la réforme a précédé la loi.

VI.

Nous ne repoussons pas avec moins d'énergie toute participation du juge à l'introduction des poursuites. Or, quand M. Batbie a admis que le juge, saisi d'une plainte, apprécierait s'il y avait lieu d'instruire, il a admis que le juge d'instruction exercerait l'action publique concurremment avec le ministère public.

Lorsque le ministère public est saisi d'une plainte, il dispose de bien des moyens d'information pour se faire une première opinion, et pour discerner les plaintes téméraires, qu'il serait dangereux d'accueillir. Le juge d'instruction est dépourvu de tout moyen semblable de se renseigner. Cette objection n'a point paru suffisante à M. Desjardins, et il y répond que « dans la pratique, il arrive fréquemment aux juges d'instruction de s'adresser aux commissaires de police pour obtenir tous les renseignements dont ils ont besoin[1]. » Cette affirmation repose sur une véritable confusion : sans doute il arrive qu'au cours d'une instruction, le juge, régulièrement saisi, demande des renseignements aux officiers de police judiciaire. Ces renseignements, il pourrait les demander au procureur de la République, comme il fait, lorsqu'il s'adresse au parquet d'un arrondissement voisin; mais pour simplifier les choses, on admet qu'il corresponde directement avec les auxiliaires du parquet. On admet aussi qu'il envoie des commissions rogatoires aux juges de paix ou aux commissaires de police; c'est un droit que la jurisprudence a tiré pour lui de l'article 83 du code d'instruction criminelle, et qui est formellement consacré dans le projet de loi.

Mais que le juge d'instruction recherche les crimes ou les délits, qu'avant toute poursuite, il se mette en relations avec les auxiliaires du procureur de la République et qu'il leur prescrive ce qu'on nomme une *enquête officieuse*, voilà ce que M. Desjardins croit possible, voilà cependant ce qui ne

1. *France judiciaire. Loco citato*, p. 256.

s'est jamais vu et constituerait de la part du juge d'instruction une singulière usurpation de fonctions. Nous nous sommes expliqué dans un précédent article sur les enquêtes officieuses, qui n'ont pour but que de convaincre le ministère public lui-même et de le décider à se faire partie dans la poursuite[1]; nous avons même exprimé l'opinion qu'elles ne devraient point passer sous les yeux du juge. Et on voudrait que de telles enquêtes fussent faites par le juge d'instruction ou par ses ordres! Qu'est-ce d'ailleurs qu'une enquête officieuse, si ce n'est un acte de police judiciaire? Le procureur de la République qui les prescrit a la plénitude des pouvoirs en matière de police judiciaire; au contraire en cette matière les attributions du juge d'instruction sont strictement limitées.

Dans la séance du Sénat du 13 mai 1882, M. Brunet a fait un tableau, fort spirituellement tracé, de la situation respective qui serait faite au juge d'instruction et au procureur de la République, si le système proposé par M. Batbie venait à être adopté[2]. Et aussitôt les adversaires de la commission de s'écrier : quel abus ne fait-on pas du mot conflit! Ne peut-il pas y avoir dissentiment entre deux autorités parallèles, sans qu'on dise qu'il y a conflit? Y a-t-il conflit par exemple toutes les fois que le juge d'instruction prononce une ordonnance de non-lieu, après que le procureur de la République a requis un renvoi en police correctionnelle ou réciproquement? Mais la situation dans les deux cas n'est pas du tout la même. Il n'y a jamais conflit lorsque chaque autorité reste dans la limite des attributions distinctes qui lui sont confiées par la loi. Ce qui est dangereux, c'est d'établir entre deux autorités différentes et indépendantes l'une de l'autre une concurrence d'attributions, en sorte que si l'une n'accomplit pas tel acte, l'autre pourra l'accomplir à sa place. Il n'y a donc pas conflit, lorsque le juge d'instruction statue contrairement aux conclusions du ministère public, pas plus qu'il n'y a conflit lorsque le ministère public forme opposition à l'ordonnance. Mais si on permettait au ministère public de poursuivre directement, en police correctionnelle, un inculpé en faveur duquel le juge d'instruction aurait rendu une ordonnance de non-lieu, une telle législation serait féconde en conflits.

Montesquieu appelle les lois les rapports nécessaires qui dérivent de la nature des choses[3]. Or, quand on étudie les lois de la matière qui nous occupe, telles qu'elles dérivent du principe fondamental de chaque institution, on est invinciblement conduit à dire que la mission exclusive du ministère public est de poursuivre, celle du juge de juger, et que tout empiètement des pouvoirs de l'un sur l'autre, ne peut être qu'une source de difficultés et de confusion. Dans les travaux préparatoires du code d'instruction criminelle, ce principe avait vivement frappé M. Treilhard, et il adjurait le Conseil d'État de ne point permettre qu'on pût être à la fois juge et partie[4].

1. *France judiciaire,* VII, 1, 181.
2. *Journal officiel. Loco citato,* p. 462.
3. *Esprit des lois,* liv. Ier, chap. 1er.
4. Locré, t. XXIV, p. 419.

Cette pensée a été celle de la commission du Sénat, et on a parlé à ce sujet de séparation des pouvoirs. Les adversaires du projet ont critiqué l'emploi de cette expression et ont demandé ce qu'il y avait de commun entre la séparation des pouvoirs, telle que la concevait Montesquieu, telle que l'ont consacrée les législateurs de 1789, et la question qui nous occupe. Le juge d'instruction et le procureur de la République ne sont-ils pas tous les deux des magistrats de l'ordre judiciaire? Cependant quand on va au fond des choses, on reconnaît que les pouvoirs du magistrat qui accuse, et ceux du magistrat qui statue ont leur source dans des principes bien différents. Le juge plane en quelque sorte au-dessus des contestations humaines, et il tient du souverain[1], en vertu d'une délégation directe, le pouvoir d'appliquer la loi aux faits qui lui sont présentés. Par cela seul qu'il irait chercher lui-même les éléments et les causes de ces contestations pour les déférer à sa justice, il sortirait de la sphère supérieure où il est placé à peine de déchéance de son caractère. C'est ce qu'a voulu faire comprendre M. Brunet, lorsqu'il disait au Sénat : « La faculté donnée au juge d'instruction de se saisir ou de ne se pas saisir, est entachée d'un caractère d'arbitraire et de libre arbitre qui jure avec l'idée et la fonction du juge. Un juge doit toujours être obligatoirement lié par une loi[2]. » Certains auteurs modernes ont contesté au pouvoir judiciaire le caractère d'un troisième pouvoir, et essayé d'en faire une branche du pouvoir exécutif[3]. Si cette opinion est vraie, il faut reconnaître néanmoins que c'est une branche bien originale du pouvoir exécutif; car elle est tout à fait distincte, tout à fait indépendante des autres.

Le ministère public ne plane pas au-dessus des parties; il est partie lui-même, ou plutôt il est mandataire d'une partie, qui est la société. Il agit, et avant d'agir, il recherche les crimes ou les délits, il en recueille les indices, et c'est seulement ensuite qu'il saisit le juge d'instruction. Cette recherche préliminaire, cette surveillance permanente qu'il exerce, ce n'est point un fait de juridiction, c'est un fait de police, et la loi, pour l'exprimer, emploie les mots de « police judiciaire ». Mais la police est certainement une branche du pouvoir exécutif, et M. Dauphin ne faisait que présenter sous une forme saisissante le principe de l'unité du ministère public, lorsqu'il disait : « Le procureur de la République, c'est le procureur général; le procureur général, c'est le ministre[4]. »

Ces principes sont tellement au-dessus de toute contestation, que pour en restreindre l'application, on renonce aux arguments juridiques, et qu'on déplace le débat, en dénonçant le système du Sénat comme une menace permanente pour les libertés publiques. On s'est laissé inspirer surtout dans

1. Nous employons ici le mot *souverain* dans son sens juridique, c'est-à-dire dans le sens de pouvoir d'où dérive la souveraineté.

2. *Journal officiel. Loco citato*, p. 462.

3. DUCROCQ, *Cours de droit administratif*, t. Ier, n° 34. — Comp. F. HÉLIE, *op. lit.*, t. Ier, n° 475.

4. *Journal officiel. Loco citato*, p. 595.

la discussion, comme l'a dit M. Brunet, par le souvenir d'événements récents, dont on aurait voulu empêcher le retour : « je supplie, s'écriait cet orateur, qu'on écarte ces souvenirs. Nous faisons une loi générale, considérable pour le pays. Je conjure qu'on ne la fasse ni pour le gouvernement ni contre le gouvernement, mais seulement pour les justiciables[1]. » En effet il faut éviter avant tout de faire une loi d'expédients, et pour cela il faut oublier tous les faits de la politique courante, qui conduisent trop souvent le législateur à adopter des dispositions transitoires et sans portée.

Mais on pose la question en termes plus généraux, et les adversaires du projet font de sinistres prédictions : ils montrent qu'un gouvernement sans souci de la justice pourrait faire du texte projeté un singulier abus, qu'il ne permettrait de poursuites que contre ses adversaires, et étoufferait systématiquement celles qui concerneraient ses amis, que par là, sinon les droits individuels, au moins les principes de la justice distributive seraient outrageusement violés. Ce serait là évidemment un déplorable état de choses, et on a raison de vouloir empêcher qu'il se réalise jamais.

Il y a lieu cependant d'examiner successivement deux situations bien différentes : supposons un crime commis. Il est peu probable qu'en présence d'un crime grave, flagrant, certain, le ministère public hésite jamais à faire son devoir. Mais enfin supposons qu'il hésite, qu'il apprécie mal les circonstances de la cause, supposons que son caractère soit faible et qu'il subisse une influence puissante, supposons même que parmi les officiers du parquet, il se soit glissé « un indigne »[2], il y a un remède bien simple à ces défaillances, c'est le recours hiérarchique. Si le procureur de la République se trompe, le procureur général rectifiera son appréciation, s'il subit une influence locale, le procureur général, le ministre à coup sûr sauront s'y soustraire. En un mot dans tous les cas où la défaillance, que l'on redoute, sera le fait personnel de l'officier du parquet, il n'y a pas besoin du juge d'instruction pour y porter remède.

Mais on suppose que l'abstention du procureur de la République est approuvée, commandée peut-être par ses chefs hiérarchiques, que par conséquent ce qu'on prend pour un déni de justice est le fait du gouvernement, et c'est alors qu'on juge indispensable de mettre en avant le juge d'instruction. On suppose que le ministre a pour lui la majorité des Chambres, on suppose qu'il est soutenu par l'opinion publique, et on se dit : la sagesse que n'a point le gouvernement, que n'a point le parlement, que n'a point le pays, un seul magistrat l'aura pour eux et son avis prévaudra contre tous les autres. En vain ceux qui ont la garde et la responsabilité de l'ordre public jugeront que la poursuite est inopportune, un magistrat, isolé dans un chef-lieu d'arrondissement, pourra penser le contraire, et sans connaître les motifs qui auront déterminé l'autorité supérieure à prescrire l'abstention, il décidera que ces motifs sont sans fondement, que le défaut de poursuites

1. *Journal officiel. Loco citato*, p. 462.
2. *Journal officiel. Loco citato*, p. 467. — Voyez aussi M. Desjardins, *loco citato*, p. 253.

a été causé par des mobiles honteux, et il aura raison contre tout le monde. Qu'on y prenne garde : nous avons parlé des conflits que pourrait susciter, entre le juge d'instruction et le procureur de la République, l'esprit de taquinerie et de contradiction. Mais ce qu'on risque d'organiser, c'est le conflit entre chaque juge d'instruction et le gouvernement.

Les adversaires du projet pensent qu'en dehors de ce pouvoir attribué au juge d'instruction, il n'y a pas de sécurité pour les justiciables. Quand on leur dit que le pouvoir exécutif est responsable devant les Chambres, ils répondent que ce recours sera illusoire quand le gouvernement agira à l'instigation et avec la complicité de la majorité du parlement; lorsqu'on invoque le contrôle permanent de l'opinion publique et de la presse, ils répondent que les gouvernements prennent trop souvent, pour la voix de l'opinion publique, celle du petit groupe d'amis qui les entourent. Mais alors on fait la critique du régime parlementaire et on sort complètement du sujet.

Les rédacteurs d'un code d'instruction criminelle n'ont point à discuter les bases de la Constitution ni à en corriger les vices ou les lacunes. Mais lorsque, pour organiser le contrôle du pouvoir exécutif, on prétend se servir du pouvoir judiciaire, le détourner de ses attributions et compromettre son caractère, les personnes soucieuses d'une bonne administration de la justice criminelle doivent s'interposer, et en le faisant, elles ne défendent pas seulement les prérogatives du ministère public, mais les intérêts de la magistrature tout entière.

Notre conclusion, conforme aux prémisses, sera donc que le principe, mis en lumière par la commission du Sénat et consacré par le vote de cette assemblée, doit être hautement approuvé.

VII.

La commission de la Chambre des députés s'est inspirée sous plus d'un rapport de la même pensée que le Sénat. Aussi propose-t-elle l'adoption pure et simple de l'article 44, qui règle la manière dont le juge d'instruction est saisi. Si cet article est voté, le principe sera sauf et un immense progrès sera définitivement accompli. Mais dans les applications, la commission modifie sous trois points de vue le texte du projet. Il nous reste à examiner ces modifications :

1° L'article 50 du texte du Sénat disait que le juge ne peut instruire que sur les faits et à l'égard des individus qui sont l'objet du réquisitoire introductif. L'article 50 de la commission fait une distinction : si l'instruction revèle des faits nouveaux qui ne sont pas l'objet des poursuites, le juge ne peut pas en connaître, mais il les dénonce au procureur de la République pour avoir ses réquisitions. Quant aux faits dont il est saisi, il peut instruire à l'égard de tous les individus, même non désignés dans le réquisitoire, que l'instruction lui fait connaître.

Cette distinction est tout à fait logique, et nous pensons que sous ce rapport la commission de la Chambre a amélioré le texte du Sénat. Dire que le juge ne pourra instruire sur des faits nouveaux qu'en vertu d'un nouveau réquisitoire, c'est appliquer purement et simplement le principe posé par l'article 44. Mais lorsque le juge est saisi d'un fait, il doit pouvoir en rechercher les auteurs ou complices, quels qu'ils soient. Ce qui détermine en effet une poursuite, ce n'est pas la personnalité de l'auteur, c'est le caractère du fait incriminé. Un orateur a fort justement exprimé cette pensée au Sénat, en disant que l'action publique est une action réelle et non une action personnelle[1].

2° L'article 217 du texte du Sénat permettait à la chambre d'accusation, saisie d'une prévention, d'ordonner qu'il fût informé sur des faits et contre des personnes non compris dans le réquisitoire introductif; mais ce pouvoir ne pouvait être exercé que sur les réquisitions du procureur général. L'article 218 du projet de la commission dit que ce pouvoir s'exercera, même d'office.

Il y aurait lieu de faire dans cet article une distinction semblable à celle de l'article 50. En effet la chambre d'accusation n'est pas autre chose que la juridiction d'instruction du second degré, et on ne peut pas lui donner sur l'action publique un pouvoir différent de celui du juge d'instruction.

Il faut donc dire que la chambre d'accusation pourra ordonner qu'il soit informé contre toute personne non désignée au réquisitoire, et qu'elle présumera être auteur ou complice du fait poursuivi. Mais à l'égard des faits nouveaux qu'elle découvrirait, elle ne doit pouvoir que les dénoncer au procureur général.

3° Enfin la commission de la Chambre propose de rétablir l'article 219 du projet du gouvernement, écarté par le Sénat, qui deviendrait l'article 224 du projet et qui serait ainsi conçu : « La cour, toutes chambres réunies, peut, sur la dénonciation d'un de ses membres, et après avoir entendu le procureur général, ordonner une poursuite. Dans ce cas, elle saisit la chambre des mises en accusation. » Ainsi le droit de poursuivre d'office, que la commission refuse au juge d'instruction, elle l'accorde aux cours d'appel et par là elle fait une concession au système qu'elle avait paru vouloir condamner.

Lorsque les rédacteurs de la loi de 1810 permirent aux cours d'appel d'adresser aux procureurs généraux des injonctions, ils se rappelaient sans doute l'état de subordination, où la législation de l'ancien régime plaçait les officiers du ministère public par rapport à chaque juridiction. Tout autre est l'esprit de notre législation moderne; aujourd'hui l'indépendance du ministère public est un principe incontesté, et tout empiètement du juge, tout blâme même, infligé par lui au ministère public, est sévèrement réprimé par la cour de cassation[2]. Autrefois d'ailleurs cette subordination était né-

1. *Journal officiel. Loco citato*, p. 915.

2. Jurisprudence constante. Voir notamment, cass. 5 déc. 1879, *France judiciaire*, IV, 241, 11 mars 1880, *Bull. crim.* 56, 13 janv. 1881, *Bull. crim.* 12.

cessaire; les officiers du parquet, titulaires d'offices, comme tous les officiers de justice, étaient plus enclins à la négligence, qu'à une époque où nommés et révocables par le pouvoir exécutif, ils tiennent à mériter par leur activité et leur exactitude la bienveillance de leurs chefs. Le lien hiérarchique était donc singulièrement relâché, et d'autant moins efficace que les communications étaient plus rares et plus difficiles. Dans les parlements, le ministère public comprenait des hommes intègres et éclairés, qui ont jeté sur l'institution un si grand éclat; mais dans les juridictions inférieures, il n'en était pas toujours de même. Or il ne faut pas oublier que les gages des officiers de justice étaient fort modérés, et qu'ils ne trouvaient une rétribution sérieuse que dans les épices payées par les parties. Les procureurs du roi n'ayant point à toucher d'épices, lorsqu'ils poursuivaient d'office, puisqu'il n'y avait point place pour une condamnation aux dépens[1], préféraient attendre qu'il se présentât une partie civile, capable de les rétribuer. Ce mobile n'étaient pas bien noble, mais on ne peut pas douter qu'il n'ait exercé une certaine influence. A l'inertie du ministère public, il n'y avait pas d'autre remède que les injonctions du siège.

Il faut donc répéter que le législateur de 1810 se rappelait l'ancienne pratique. On se souvenait surtout des anciens parlements, et l'Empereur aimait à faire revivre les grandes institutions de l'ancien régime, qui pouvaient donner à son règne de l'éclat. Il espérait d'ailleurs que l'autorité des cours d'appel plus grande que celle du ministère public, et mieux dégagée des influences locales, prêterait à son gouvernement un concours précieux. L'unité du pays n'était point, au commencement de ce siècle, telle que l'ont faite les grandes inventions modernes; l'influence du pouvoir central se faisait moins promptement sentir, et l'esprit local était encore tout puissant. On a dit qu'en plaçant le principe de l'action publique dans de grands corps de justice, l'Empereur voulait donner au pays des garanties contre son propre pouvoir; une telle pensée n'aurait été ni dans le caractère de Napoléon, ni dans l'esprit de son gouvernement. Il est probable qu'il voulait par là uniquement combattre les influences locales; il se savait la main assez ferme pour croire que ces grands corps, destinés à « faire pâlir les coupables[2] » ne se retourneraient pas contre lui-même.

Toutes ces raisons n'existent plus et on ne voit pas aujourd'hui la nécessité de donner l'initiative de l'action publique à un corps de magistrats institués pour juger. Du moins, si cette disposition n'est pas très logique, est-elle assez inoffensive : on ne peut pas craindre que l'assemblée générale d'une cour d'appel se laisse guider par l'esprit de contradiction et de taquinerie, qui pourrait quelquefois compromettre les bons rapports de deux magistrats secondaires et du même degré. Cette disposition surtout sera d'une application extrêmement rare, et la meilleure preuve qu'on puisse

1. Arrêt du conseil du 26 octobre 1683. — SERPILLON, *Code criminel,* t. II, p. 1103. — JOUSSE, *Nouveau commentaire sur l'ordonnance criminelle,* p. 130.
2. LOCRÉ, t. XXIV, p. 418.

en donner, c'est que jusqu'à nos jours, l'article 11 de la loi du 20 avril 1810 n'a guère été invoqué que deux fois.

Le première fois, c'était sous la Restauration, à l'époque où le comte de Montlosier, dans son *Mémoire à consulter* et dans sa *Dénonciation aux cours royales*, signalait à l'opinion publique l'influence prépondérante de la Congrégation. La cour royale de Paris délibéra sur cette dénonciation, malgré l'opposition du procureur général, mais elle se déclara incompétente, le 18 août 1826, par des motifs tirés du fond de la question[1].

Quant à l'autre application, elle est beaucoup plus récente : dans une poursuite intentée pour délit de presse devant le juge d'instruction de Saverne, il était intervenu une ordonnance de renvoi en police correctionnelle. Le procureur général de Colmar prétendit s'opposer à ce que le tribunal fût saisi, et craignant que son substitut ne tînt point compte de sa défense, il emporta à son parquet le dossier de la procédure. C'était un abus de pouvoir révoltant; la cour de Colmar s'en émut, elle se réunit en assemblée générale sur la convocation du premier président et fixa un jour où le procureur général lui rendrait compte de l'état des poursuites. Cet arrêt eut un immense retentissement; M. Oscar de Vallée a dit au Sénat, dans la séance du 6 juin 1882, que « dans les souvenirs de sa vie judiciaire, il en avait gardé une vive et même une très douce impression[2]. » Mais ce qu'il n'a point dit au Sénat, c'est que cet arrêt qui portait la date du 17 juin 1861 fut cassé dès le 12 juillet de la même année. La cour de cassation décida que « l'article 11 de la loi du 20 avril 1810 ne s'appliquait qu'au cas unique où il s'agissait d'un crime ou d'un délit impoursuivi, et que les cours d'appel ne pouvaient pas demander compte aux procureurs généraux de l'état des procédures ouvertes sur l'initiative du ministère public[3]. »

Ainsi la seule fois que cet article ait été invoqué pour servir à la répression d'un acte vraiment blâmable de la part du ministère public, il s'est trouvé inefficace. Il restait, il est vrai, à la cour de Colmar une ressource, que la cour de cassation avait pris la peine de lui indiquer dans son arrêt, c'était de dénoncer au garde des sceaux l'acte par lequel le ministère public institué près d'elle « s'était écarté du devoir de son état, et en avait compromis l'honneur, la délicatesse ou la dignité[4]. »

Dans une des nombreuses discussions qui ont précédé la mise en vigueur du code d'instruction criminelle, et qui se sont renouvelées à des intervalles assez éloignés, l'Empereur avait accepté la rédaction suivante, qui avait été appuyée par M. Treilhard : « Dans le cas où l'une des sections de la cour d'appel fera au premier président une dénonciation tendant à la poursuite d'un crime, celui-ci réunira les sections. Le procureur général sera entendu sur cette dénonciation, et il sera du tout dressé un procès-verbal,

1. Dalloz, 28, II, 46.
2. *Journal officiel. Loco citato*, p. 593.
3. *Bull. crim.*, n° 147.
4. Loi du 20 avril 1810, art. 61.

qui sera envoyé au ministre de la justice. Si la dénonciation n'est faite qu'individuellement par un ou plusieurs membres de la cour, le premier président ne réunira les sections que dans le cas où il le jugera convenable. Il pourra seul et d'office les réunir pour le même objet[1]. »

Une telle disposition n'aurait rien de contraire aux principes; car ce ne serait qu'une application du droit de dénonciation officielle, que l'article 31 du projet de loi confère à toute autorité constituée, et dont il lui fait même un devoir. La manifestation de la pensée de la cour aurait le même poids, et l'effet moral serait le même que celui qu'on espère obtenir en lui permettant d'ordonner une poursuite. Mais le principe de la séparation des pouvoirs et les règles de la hiérarchie seraient sauvegardés. Cette rédaction, adoptée par le Conseil d'Etat dans la séance du 29 brumaire an XIII ne trouva point place dans la loi qui ne fut publiée qu'en 1810. Mais M. Dauphin, qui la rappelait dans son discours du 6 juin 1882[2], a dit qu'un texte ainsi conçu aurait pour utilité de stimuler les procureurs généraux.

Nous regrettons que cette approbation du rapporteur n'ait pas eu pour conséquence la présentation d'un article additionnel, qui aurait été certainement voté. Il est probable que cette rédaction aurait satisfait la commission de la Chambre et lui aurait ôté toute pensée de reprendre le projet du gouvernement.

1. Locré, t. XXIV, p. 498 et 506.
2. *Journal officiel. Loco citato*, p. 593.

Fontainebleau. — E. Bourges, imp. breveté.

PETITE ENCYCLOPÉDIE JURIDIQUE

Sous ce titre, nous publions une série de volumes in-18 jésus dans lesquels toutes les matières de Droit civil, pénal, commercial et administratif se trouveront traitées, à un point de vue essentiellement pratique, et sous forme de manuels se vendant séparément. Cette collection formera un véritable **Répertoire général du Droit,** tenu constamment au courant de la législation et de la jurisprudence les plus récentes.

Voici la liste des ouvrages déjà parus :

Code des Théâtres, contenant un exposé des principes juridiques, le texte des principaux décrets, circulaires et règlements, etc., par CHARLES CONSTANT, avocat à la cour de Paris, 1882, 2e édition, 1 vol. 3 50

Code de la Chasse et de la Louveterie, commentaire de la loi du 3 mai 1844, modifiée par celle du 22 janvier 1874; traité sur la louveterie, etc.; par P. LEBLOND, avocat à la cour de Rouen. 1878, 2 vol. 6 »

Code municipal ou Manuel des conseillers municipaux, contenant l'exposé de la législation municipale et les solutions pratiques des questions qui peuvent intéresser les communes et les conseillers municipaux, par AMBROISE RENDU, avocat à la cour de Paris. 1879, 2 vol. 6 »

Code de l'Officier de l'état civil, avec tables et formules, par A. ADDENET, ancien procureur de la République. 1879, 1 vol. 3 50

Code des Propriétaires de bois et forêts, locataires de chasses; de leur responsabilité par suite des dégâts causés par le gros et le petit gibier; par M. FRÉMY, juge suppléant à Senlis. 1879, 1 vol. 2 »

Codes de la Propriété industrielle, Manuels pratiques des législations française et étrangères à l'usage des inventeurs et des fabricants, par AMBROISE RENDU, avocat à la cour de Paris :

- Brevets d'invention. 1879, 1 vol. 3 50
- Contrefaçon des inventions brevetées. 1880, 1 vol. 3 50
- Marques de fabrique. 1880, 1 vol. 3 50

Code départemental ou Manuel des conseillers généraux et d'arrondissement, commentaire pratique de la loi du 21 août 1871, et des lois relatives à l'administration départementale, au budget, à l'instruction publique, etc., par CHARLES CONSTANT, avocat à la cour de Paris. 1880, 2 vol. 7 »

Code des Règlements d'Ordres, soit amiables, soit judiciaires et des collocations des créanciers, par A. ULRY, juge chargé des ordres à Guéret. 1881, 2 vol. 7 »

Code des Réunions publiques, électorales et privées. Commentaire pratique de la loi du 30 juin 1881, par CH. CONSTANT, avocat à la cour de Paris. 1881, 1 vol. 2 »

Code des Établissements industriels, contenant la législation et la jurisprudence concernant les ateliers dangereux, insalubres ou incommodes, etc., par CH. CONSTANT, avocat à la cour de Paris. 1881, 1 vol. 3 50

Code des Juges de paix, considérés comme officiers de police judiciaire, auxiliaires du procureur de la République et délégués du juge d'instruction, par A. SCOHYERS, ancien avoué, juge de paix du canton de Courville. 1881, 1 vol. 2 »

Code rural, régime du sol, police rurale, régime des eaux, etc.; par P. DE CROOS, avocat à Béthune. 1882, 2 vol. 7 »

Code électoral, formation et revision annuelle des listes électorales, d'après la jurisprudence de la cour de cassation, par E. GREFFIER, conseiller à la cour de cassation. 1882, 1 vol. 3 50

Code des Chemins vicinaux et des Routes départementales, par A. GISCLARD, ancien conseiller de préfecture, avocat à Périgueux. 1882, 2 vol. 7 »

Code des Chemins de fer d'intérêt local, par le même auteur. 1882, 1 vol. 3 »

Code de la Presse, commentaire de la loi du 29 juillet 1881, par C. BAZILLE, avocat à la cour de cassation, et CH. CONSTANT, avocat à la cour de Paris. 1883, 1 vol. 4 »

Code des Transports de marchandises par chemins de fer, par L.-J.-D. FÉRAUD-GIRAUD, conseiller à la cour de cassation. 1883, 3 volumes. 12 »

Code de l'Enseignement primaire, obligatoire et gratuit; commentaire de la loi du 28 mars 1882. Manuel pratique à l'usage des instituteurs, des pères de famille, des commissions scolaires, des juges de paix et des délégués cantonaux, avec formules, par AMBROISE RENDU, avocat à la cour de Paris. 1883, 1 vol. 4 »

Fontainebleau. — E. Bourges, imp. breveté.

www.ingramcontent.com/pod-product-compliance
Ingram Content Group UK Ltd.
Pitfield, Milton Keynes, MK11 3LW, UK
UKHW020444220726
13923UKWH00005B/2331

9 782019 285449